AGNES PRUS

24

PLÄTZCHEN

bis Weihnachten

Ein kulinarischer
Adventskalender

FOTOS VON FRAUKE ANTHOLZ

Hölker Verlag

VORWORT 5

———

Vorwort

Alle Jahre wieder freuen wir uns auf die Weihnachtszeit und warten gespannt auf den ersten Schnee. Beim Blick aus dem Fenster träumen wir von langen Winterspaziergängen, tanzenden Flocken und einer weißen Weihnacht.

Auch der Duft von selbst gebackenen Plätzchen darf in der Adventszeit nicht fehlen. Wird die Sehnsucht nach einem Spaziergang im Schnee zu groß, zaubere ich die feinsten Winterplätzchen aus dem heimischen Ofen. Puderzucker rieselt auf süßes Naschwerk, zarte Kokosflocken umhüllen köstliches Konfekt und schneeweißer Zuckerguss verziert die selbst gebackenen Leckerbissen.

Mit Matcha-Tannenbäumen, Schoko-Pekarnuss-Schneebällen, Kokos-Gipfeln oder einer Mini-Pfefferkuchenstadt entsteht ein echtes Winter-Wunderland auf dem Plätzchenteller. Für jeden Tag im Advent gibt es ein neues Rezept, das den Traum von einer weißen Weihnacht wahr werden lässt.

Fröhliches Backen mit Mandeln, Zimt und Schnee!

Agnes Prus

Glühweintörtchen

FÜR CA. 40 STÜCK

FÜR DAS GELEE:
125 ML ROTWEIN
2 STREIFEN SCHALE VON 1 BIO-ORANGE
2 NELKEN
1 ZIMTSTANGE
1 STÜCK STERNANIS
¼ VANILLESCHOTE
125 ML TRAUBENSAFT
75 G GELIERZUCKER 3:1

FÜR DEN TEIG:
200 G BUTTER
140 G ROHROHRZUCKER
MARK VON 1 VANILLESCHOTE
1 PRISE SALZ
1 EI
300 G MEHL + ETWAS EXTRA
100 G BLANCHIERTE, GEMAHLENE MANDELN

AUSSERDEM:
PUDERZUCKER ZUM BESTÄUBEN

❶ Für das Gelee den Rotwein mit der Orangenschale, den Gewürzen, der ausgekratzten Vanilleschote und dem Vanillemark in einen Topf geben. Bei mittlerer Hitze zum Kochen bringen. Sofort vom Herd nehmen und abgedeckt mind. 2 Std. ziehen lassen. Den Wein durch ein Sieb abseihen und erneut in den Topf gießen. Saft und Gelierzucker unterrühren. Zum Kochen bringen und 3 Min. sprudelnd kochen lassen. In ein sterilisiertes Glas füllen und gelieren lassen.

❷ Für den Teig die Butter mit Zucker, Vanillemark und Salz cremig rühren. Das Ei zugeben und gut unterschlagen. Mehl und Mandeln zugeben und alles zu einem glatten Teig verarbeiten. In Frischhaltefolie wickeln und 1 Std. kalt stellen.

❸ Den Teig auf der bemehlten Arbeitsfläche 3–4 mm dick ausrollen und Sterne in 3 Größen ausstechen. Die Plätzchen auf mit Backpapier belegte Bleche legen und 10–12 Min. backen (die kleinsten Plätzchen evtl. früher aus dem Ofen nehmen). Herausnehmen und auf einem Kuchengitter abkühlen lassen.

❹ Die Hälfte des Gelees in einem Topf erhitzen und glatt rühren, bei Bedarf mehr Gelee auf diese Weise vorbereiten. Das Gelee portionsweise auf die größten und mittleren Kreise streichen und die Plätzchen wie kleine Törtchen aufeinandersetzen. Mit Puderzucker bestäuben und einen kleinen Klecks Gelee auf das oberste Plätzchen tupfen.

Früchtebrot-Wirbel

FÜR 40–45 STÜCK

FÜR DIE FÜLLUNG:
2 TL CHAI-TEE
7 EL HEISSES WASSER
300 G GEMISCHTE TROCKENFRÜCHTE
(Z. B. FEIGEN, PFLAUMEN, APRIKOSEN ODER
CRANBERRYS), GROB GEHACKT
1 TL SAFT VON 1 BIO-ZITRONE

FÜR DEN TEIG:
275 G MEHL + ETWAS EXTRA
175 G KALTE BUTTER, GEWÜRFELT

60 G ROHROHRZUCKER
2 EIGELB
1 PCK. VANILLEZUCKER
1 TL ZIMT
¼ TL BACKPULVER
1 PRISE SALZ

FÜR DEN GUSS:
CA. 100 G PUDERZUCKER
CA. 3 TL SAFT VON 1 BIO-ORANGE

❶ Für die Füllung den Chai-Tee mit dem heißen Wasser übergießen und 10 Min. ziehen lassen. Durch ein Sieb abgießen. Die Trockenfrüchte im Blitzhacker pulsierend zu einer groben Paste verarbeiten. Tee und Zitronensaft zugeben und gut vermixen. Die Füllung beiseitestellen.

❷ Für den Teig alle Zutaten zügig verkneten. Auf der bemehlten Arbeitsfläche ca. 5 mm dick zu einem Rechteck (ca. 20 × 30 cm) ausrollen. Die Füllung zwischen zwei Lagen Frischhaltefolie in gleicher Größe ausrollen. Die Folie abziehen und die Füllung behutsam auf den Teig legen. Beide Schichten von der langen Seite her aufrollen. In Frischhaltefolie wickeln und ca. 1 Std. im Gefrierfach kühlen.

❸ Den Backofen auf 180 °C vorheizen. Die Teigrolle auswickeln und in ca. 8 mm dicke Scheiben schneiden. Die Wirbel auf mit Backpapier belegte Bleche legen und ca. 12 Min. backen. Aus dem Ofen nehmen und abkühlen lassen.

❹ Für den Zuckerguss den Puderzucker in ein Schälchen geben und mit dem Orangensaft glatt rühren, evtl. tropfenweise Orangensaft zufügen, bis die gewünschte Konsistenz erreicht ist. In einen Spritzbeutel mit kleiner Öffnung füllen und die Wirbel spiralförmig verzieren. Vollständig trocknen lassen und in Dosen aufbewahren.

Schoko-Schneemänner

FÜR CA. 12 STÜCK

FÜR DEN TEIG:
250 G MEHL + ETWAS EXTRA
50 G KAKAOPULVER
1 PRISE SALZ
150 G WEICHE BUTTER
130 G ZUCKER
75 G BRAUNER ZUCKER
1 EI
½ TL VANILLE-EXTRAKT

FÜR DEN GUSS:
CA. 200 G PUDERZUCKER
CA. 3 EL MILCH

AUSSERDEM:
CA. 12 CRANBERRYS ZUM VERZIEREN
2–3 SCHEIBEN GETROCKNETE MANGO ZUM VERZIEREN

❶ Für den Teig Mehl, Kakaopulver und Salz vermischen. In einer zweiten Schüssel die Butter mit beiden Zuckersorten ca. 3 Min. hell und cremig schlagen. Ei und Vanille-Extrakt zufügen und 1 Min. unterrühren. Die Mehlmischung nach und nach unterrühren. Den Teig in Frischhaltefolie wickeln und 1 Std. kalt stellen.

❷ Den Backofen auf 170 °C vorheizen. Den Teig auf der bemehlten Arbeitsfläche ca. 4 mm dick ausrollen und Kreise in 3 Größen (ø 6 cm, 5 cm und 3,5 cm) ausstechen. Die Kreise nach Größe sortiert auf mit Backpapier belegte Bleche legen. Die kleinsten Kreise 6 Min., die restlichen Plätzchen ca. 10 Min. backen. Aus dem Ofen nehmen und auf einem Kuchengitter abkühlen lassen.

❸ Für den Zuckerguss den Puderzucker in ein Schälchen geben und mit der Milch glatt rühren, evtl. tropfenweise Milch zufügen, bis die gewünschte Konsistenz erreicht ist. Die Kekse damit bestreichen und der Größe nach aufeinanderstapeln. Die Cranberrys in kleine Stücke schneiden und als Augen, Mund und Knöpfe auf die Schneemänner setzen. Die Mangostreifen in Mini-Karottenform schneiden und als Nasen in die Gesichter setzen. Vollständig trocknen lassen und in Dosen aufbewahren.

Erdnuss-Haferflocken-Würfel

FÜR CA. 50 WÜRFEL

FÜR DEN TEIG:
100 G KERNIGE HAFERFLOCKEN
110 G ZERLASSENE BUTTER
1 EI
130 G ROHROHRZUCKER
2 TL CREMIGE ERDNUSSBUTTER
1 EL ZUCKERRÜBENSIRUP
¼ TL VANILLE-EXTRAKT
1 MSP. ZIMT
1 PRISE SALZ

100 G GERÖSTETE UNGESALZENE ERDNÜSSE,
GEHACKT
50 G MEHL

FÜR DEN GUSS:
CA. 150 G WEISSE SCHOKOLADE, GROB GEHACKT
2 EL ZUCKER NACH BELIEBEN

❶ Den Backofen auf 180 °C vorheizen. Für den Teig die Haferflocken in einer Pfanne ohne Fett bei mittlerer Hitze anrösten. In eine Schüssel geben und mit der Butter vermischen.

❷ Das Ei mit dem Zucker schaumig schlagen. Erdnussbutter, Zuckerrübensirup, Vanille-Extrakt, Zimt und Salz unterrühren. Anschließend die Erdnüsse und das Mehl untermischen. Den Teig in eine mit Backpapier ausgekleidete Form (20 × 20 cm) streichen und ca. 18 Min. backen. Aus dem Ofen nehmen und vollständig abkühlen lassen. Mit einem Brotmesser in ca. 3 cm große Würfel schneiden.

❸ Für den Guss die Schokolade über dem warmen Wasserbad (nicht zu heiß werden lassen!) schmelzen. Die Würfel damit bestreichen und abkühlen lassen. Anschließend nach Belieben mit geschmolzener Schokolade verzieren und mit Zucker bestreuen. Die Plätzchen über Nacht vollständig trocknen lassen und anschließend in Dosen aufbewahren.

Matcha-Kokos-Tannen

FÜR CA. 35 STÜCK

FÜR DEN TEIG:
50 G KOKOSRASPEL
60 G PUDERZUCKER
150 G MEHL + ETWAS EXTRA
2 TL MATCHA-PULVER
125 G KALTE BUTTER, GEWÜRFELT
1 EIGELB
ABRIEB UND 1 TL SAFT VON 1 BIO-LIMETTE
1 PRISE SALZ

FÜR DEN GUSS:
CA. 100 G PUDERZUCKER
CA. 3 TL MILCH

AUSSERDEM:
GEMAHLENE KOKOSRASPEL ZUM BESTREUEN

❶ Für den Teig die Kokosraspel mit dem Puderzucker in einer Gewürz- oder Kaffeemühle oder einer Küchenmaschine sehr fein mahlen. Das Mehl gründlich mit dem Matcha-Pulver vermischen und zur Kokos-Mischung geben. Die restlichen Zutaten zufügen und alles zügig zu einem glatten Teig verkneten. In Frischhaltefolie wickeln und mind. 30 Min. kalt stellen.

❷ Den Backofen auf 160 °C vorheizen. Den Teig auf der bemehlten Arbeitsfläche ca. 5 mm dick ausrollen und Tannenbäume ausstechen. Auf mit Backpapier belegte Bleche legen und ca. 15 Min. backen. Damit sie schön grün bleiben, sollten die Bäumchen kaum bräunen. Die Plätzchen aus dem Ofen nehmen und abkühlen lassen.

❸ Für den Zuckerguss den Puderzucker in ein Schälchen geben und mit der Milch glatt rühren, evtl. tropfenweise Milch zufügen, bis die gewünschte Konsistenz erreicht ist. Die Plätzchen damit sparsam verzieren und mit Kokosraspeln bestreuen. Vollständig trocknen lassen und in Dosen aufbewahren.

TIPP: DAS MATCHA-PULVER KANN AUCH DURCH GERSTENGRASPULVER ERSETZT WERDEN.

Apfel-Lebkuchen

FÜR CA. 30 STÜCK

FÜR DEN TEIG:
70 G GETROCKNETE APFELRINGE, FEIN GEHACKT
50 G ROSINEN, FEIN GEHACKT
5 EL APFELSAFT
300 G HONIG
50 G BRAUNER ZUCKER
1 TL HIRSCHHORNSALZ
200 G MEHL + ETWAS EXTRA
120 G ROGGENVOLLKORNMEHL
40 G GEHACKTE MANDELN
30 G GEMAHLENE MANDELN
2 TL LEBKUCHENGEWÜRZ

2 TL ZIMT
1 TL POTTASCHE
1 EIGELB

FÜR DEN GUSS:
100 G PUDERZUCKER
2 EL CALVADOS

AUSSERDEM:
CA. 200 G PFLAUMENMUS
1 EIWEISS
DEKOR-OBLATEN

❶ Für den Teig die Apfelringe und die Rosinen im Apfelsaft einweichen. Honig und Zucker bei geringer Hitze erwärmen (nicht kochen), bis der Zucker geschmolzen ist. Lauwarm abkühlen lassen und in eine Rührschüssel gießen. Das Hirschhornsalz in 2 TL Wasser auflösen und mit dem Mehl unterrühren.

❷ Roggenmehl, Mandeln und Gewürze mischen. Die Pottasche mit 2 TL Wasser und dem Eigelb verrühren. Mit der Roggenmehlmischung und den eingeweichten Trockenfrüchten zum Teig geben. Alles gründlich verkneten und abgedeckt 2 Std. bei Zimmertemperatur ruhen lassen.

❸ Den Backofen auf 180 °C vorheizen. Den Teig auf der bemehlten Arbeitsfläche ca. 5 mm dick ausrollen und Kreise (ø ca. 4 cm) ausstechen. Die Hälfte der Kreise in der Mitte mit Pflaumenmus und am Rand mit Eiweiß bestreichen und jeweils mit einem zweiten Kreis bedecken. Die Ränder behutsam andrücken. Auf ein mit Backpapier belegtes Blech legen und ca. 10 Min. backen.

❹ Für den Zuckerguss den Puderzucker mit dem Calvados glatt rühren, evtl. tropfenweise Calvados zufügen, bis die gewünschte Konsistenz erreicht ist. Die Lebkuchen aus dem Ofen nehmen, warm mit dem Guss bestreichen und nach Belieben mit Dekor-Oblaten verzieren. Trocknen lassen und in einer Dose aufbewahren. Vor dem Verzehr mind. 2 Tage durchziehen lassen.

2.
Advent

Zitronensternchen

FÜR CA. 25 STÜCK

FÜR DEN LEMON CURD:	120 G ROHRROHRZUCKER
ABRIEB UND SAFT VON 1 BIO-ZITRONE	3 EIGELB
90 G ROHRROHRZUCKER	1 TL VANILLEZUCKER
1 EI	150 G MEHL + ETWAS EXTRA
60 G BUTTER, IN FLÖCKCHEN	150 G BLANCHIERTE, GEMAHLENE MANDELN
¼ TL GEMAHLENE KURKUMA NACH BELIEBEN	1 PRISE SALZ

FÜR DEN TEIG:	AUSSERDEM:
120 G BUTTER	PUDERZUCKER ZUM BESTÄUBEN

❶ Für den Lemon Curd alle Zutaten in einen kleinen Topf geben und gut verrühren. Bei geringer Hitze und unter ständigem Rühren erwärmen, bis die Masse eindickt. Um zu überprüfen, ob der Curd fertig ist, einen Holzlöffel hineintauchen und pusten. Bildet sich ein wellenförmiges Muster, das an eine Rose erinnert, die Creme vom Herd nehmen. Beim Auskühlen dickt sie dann noch nach und erreicht eine streichfähige Konsistenz. In ein sterilisiertes Glas füllen und abkühlen lassen.

❷ Für den Teig Butter und Zucker cremig rühren. Die Eigelbe und den Vanille-zucker untermischen, anschließend Mehl, Mandeln und Salz zugeben. Alles zu einem glatten Teig verarbeiten, in Frischhaltefolie wickeln und 1 Std. im Kühlschrank ruhen lassen.

❸ Den Backofen auf 175 °C vorheizen. Den Teig auf der bemehlten Arbeitsfläche ca. 4 mm dick ausrollen und Sterne ausstechen, die Hälfte der Plätzchen mit einem Loch in der Mitte versehen. Die Plätzchen auf ein mit Backpapier belegtes Blech legen und in ca. 10 Min. goldgelb backen. Aus dem Ofen nehmen und auf dem Blech abkühlen lassen. Die Plätzchen ohne Loch mit Lemon Curd bestrei-chen und je ein Plätzchen mit Loch daraufsetzen. Mit Puderzucker bestäuben und in einer Dose aufbewahren.

Spekulatius-Rädchen

FÜR CA. 40 STÜCK

30 G BRAUNER ZUCKER	GEMAHLENER KORIANDER UND GEMAHLENE NELKEN
80 G BUTTER	¼ TL FRISCH GERIEBENE MUSKATNUSS
80 G ROHROHRZUCKER	1 MSP. HIRSCHHORNSALZ
40 ML SAHNE	1 PRISE SALZ
1 EIGELB	
ABRIEB VON ½ BIO-ZITRONE	**AUSSERDEM:**
ABRIEB VON ½ BIO-ORANGE	CA. 80 G MANDELBLÄTTCHEN
180 G MEHL + ETWAS EXTRA	CA. 2 EL MILCH
½ TL ZIMT	GLASSCHÄLCHEN ODER -UNTERSETZER MIT
JE ¼ TL INGWERPULVER, GEMAHLENER KARDAMOM,	GESCHLIFFENEM MUSTER AUF DER UNTERSEITE

❶ Den braunen Zucker im Blitzhacker fein mahlen. Mit der Butter und dem Rohrohrzucker in eine Schüssel geben und cremig rühren. Sahne, Eigelb, Zitronen- und Orangenabrieb zugeben und 1 Min. weiterrühren. Das Mehl mit den Gewürzen, Hirschhornsalz und Salz vermischen und zur Buttermasse geben. Alles zu einem glatten Teig verarbeiten und in Frischhaltefolie gewickelt mind. 1 Std. kalt stellen.

❷ Den Backofen auf 180 °C vorheizen. Die Mandelblättchen auf einem mit Backpapier belegten Blech verteilen. Den Teig portionsweise auf der bemehlten Arbeitsfläche ca. 2 mm dick ausrollen. Die Oberfläche leicht mit Mehl bestäuben und mit der Unterseite der Glasschälchen oder -untersetzer Muster in den Teig prägen. Mit einem passenden runden Ausstecher Plätzchen aus dem Teig stechen und auf das mit Mandeln bestreute Blech legen. Die übrigen Mandelblättchen vom Blech nehmen. Die Plätzchen mit Milch bepinseln und nach Belieben mit Mandelblättchen garnieren. (Falls der Teig während des Verarbeitens weich geworden sein sollte, die Plätzchen vor dem Backen erneut 30 Min. kalt stellen.)

❸ In ca. 10 Min. goldbraun backen. Aus dem Ofen nehmen, vollständig abkühlen lassen und in Dosen aufbewahren, damit sie schön knusprig bleiben.

Kokos-Mandel-Konfekt

FÜR CA. 25 STÜCK

180 G WEISSE SCHOKOLADE, GROB GEHACKT	CA. 25 BLANCHIERTE MANDELN
30 G KOKOSÖL	60 G KOKOSRASPEL
80 ML KOKOSMILCH	
MARK VON ¼ VANILLESCHOTE	**AUSSERDEM:**
ABRIEB UND 1 TL SAFT VON 1 BIO-LIMETTE	ZUCKERSTERNCHEN ZUM VERZIEREN NACH BELIEBEN
1 PRISE SALZ	KLEINE PAPIERFÖRMCHEN

❶ Am Vortag den Backofen auf 120 °C vorheizen. Schokolade und Öl in eine kleine Auflaufform geben und im Ofen 60 Min. karamellisieren lassen, dabei alle 15 Min. gut umrühren. Aus dem Ofen nehmen und lauwarm abkühlen lassen.

❷ Die Kokosmilch mit der ausgekratzten Vanilleschote und dem Vanillemark in einen Topf geben, aufkochen und bei geringer Hitze 10 Min. köcheln lassen. Vom Herd nehmen, leicht abkühlen lassen und die Vanilleschote entfernen. Die Milch zur karamellisierten Schokolade gießen, Limettenabrieb und -saft und Salz zufügen, alles gut verrühren und abgedeckt über Nacht kalt stellen.

❸ Am nächsten Tag die Mandeln in einer Pfanne ohne Fett kurz anrösten. Mit einem Teelöffel kleine Portionen Teig abstechen, je eine Mandel hineindrücken und die Masse zwischen den Händen zu Kugeln formen. Sofort in Kokosraspeln wälzen. Nach Belieben je ein Zuckersternchen daraufgeben und leicht andrücken. Das Konfekt in kleine Papierförmchen setzen und im Kühlschrank aufbewahren.

Mandel-Aprikosen-Plätzchen

FÜR CA. 24 STÜCK

FÜR DEN TEIG:
40 G BUTTER + ETWAS EXTRA
45 G PUDERZUCKER
1 TL VANILLEZUCKER
1 EIGELB
ABRIEB VON ½ BIO-ORANGE
100 G MEHL + ETWAS EXTRA
¼ TL BACKPULVER
1 PRISE SALZ

FÜR DEN BELAG:
125 ML SAHNE
2 EL APFELSAFT

½ TL ZIMT
½ TL VANILLEZUCKER
20 G GETROCKNETE APRIKOSEN, GROB GEHACKT
100 G ROHROHRZUCKER
50 G BUTTER
2 EL HONIG
150 G MANDELBLÄTTCHEN
30 G CRANBERRYS, GROB GEHACKT
1 EL ORANGEAT, FEIN GEHACKT

AUSSERDEM:
CA. 50 G WEISSE SCHOKOLADE, GROB GEHACKT

❶ Für den Teig die Butter mit Puderzucker und Vanillezucker cremig schlagen. Das Eigelb und den Orangenabrieb unterrühren. Das Mehl mit Backpulver und Salz mischen und zur Butter-Ei-Masse geben. Alles zu einem glatten Teig verarbeiten und in Frischhaltefolie gewickelt 1 Std. kalt stellen.

❷ Den Backofen auf 200 °C vorheizen. Für den Belag 1 EL Sahne mit Apfelsaft, Zimt und Vanillezucker verrühren. Die Aprikosen zugeben und ziehen lassen.

❸ Den Zucker mit Butter und Honig in einen Topf geben und bei mittlerer Hitze hellbraun karamellisieren lassen. Die restliche Sahne nach und nach mit einem Holzlöffel einrühren (Vorsicht, die Masse schäumt stark auf und ist extrem heiß!). Mandeln, Cranberrys und Orangeat einrühren. Vom Herd nehmen und die Aprikosen unterrühren.

❹ Den Teig auf der bemehlten Arbeitsfläche ausrollen. Kreise (ø ca. 5 cm) ausstechen und auf mit Backpapier belegte Bleche legen. Die Mandelmasse darauf verteilen. In 15–20 Min. goldgelb backen. Aus dem Ofen nehmen und auf einem Kuchengitter abkühlen lassen.

❺ Die Schokolade über dem warmen Wasserbad schmelzen und die Plätzchen damit verzieren. Trocknen lassen und in einer Dose aufbewahren.

Glückspilze

FÜR DEN TEIG:
80 G HONIG
80 ML AHORNSIRUP
40 G ROHROHRZUCKER
300 G MEHL
50 G BLANCHIERTE, GEMAHLENE MANDELN
1 TL VANILLEZUCKER
½ TL ZIMT
¼ TL INGWERPULVER
JE ¼ TL GEMAHLENER KARDAMOM,
KORIANDER UND PFEFFER
1 MSP. FRISCH GERIEBENE MUSKATNUSS
1 MSP. GEMAHLENE NELKEN

1 MSP. GEMAHLENER PIMENT
ABRIEB VON ½ BIO-ZITRONE
1 PRISE SALZ
⅓ TL HIRSCHHORNSALZ
1 EI, VERQUIRLT

FÜR DEN GUSS:
CA. 160 G PUDERZUCKER
ROTE LEBENSMITTELFARBE

AUSSERDEM:
CA. 50 G GEHACKTE MANDELN ZUM BESTREUEN

❶ Für den Teig am Vortag Honig, Ahornsirup und Zucker bei niedriger Temperatur in einem Topf unter Rühren erwärmen, bis sich der Zucker aufgelöst hat. Vom Herd nehmen und lauwarm abkühlen lassen. Mehl, Mandeln, Vanillezucker, Gewürze, Zitronenabrieb und Salz mischen. Das Hirschhornsalz in 1 EL Wasser auflösen und mit dem Ei und der Honig-Mischung zum Mehl geben. Alles zu einem glatten Teig verkneten und über Nacht bei Zimmertemperatur ruhen lassen.

❷ Am nächsten Tag den Backofen auf 170 °C vorheizen. Für die Stiele ca. 140 g vom Teig abnehmen und zu einem 1 cm dicken Strang rollen. In 32 Stücke schneiden, auf ein mit Backpapier belegtes Blech legen und ca. 8 Min. backen. Aus dem Ofen nehmen und abkühlen lassen.

❸ Für die Kappen aus dem restlichen Teig 32 Kugeln (ø ca. 3 cm) formen, auf ein mit Backpapier belegtes Blech legen und ca. 12 Min. backen. Sofort mit einem spitzen Messer ein kleines Loch in die Unterseite der Kappe schneiden und einen Stiel hineinstecken. (Der Stiel sollte knapp hineinpassen, dann hält er ohne zusätzliche »Klebehilfe«.) Die Pilze vollständig abkühlen lassen.

❹ Für den Zuckerguss den Puderzucker mit 2½ EL Wasser und etwas Lebensmittelfarbe glatt rühren. Die Pilze damit bepinseln und sofort mit Mandeln bestreuen.

Schoko-Pekannuss-Schneebälle

FÜR CA. 60 STÜCK

200 G MEHL
1 TL BACKPULVER
½ TL LEBKUCHENGEWÜRZ
1 MSP. NATRON
1 PRISE SALZ
250 G ZARTBITTERSCHOKOLADE (MIND. 60 % KAKAOANTEIL), GROB GEHACKT
90 G BUTTER, GEWÜRFELT
2 EIER

100 G BRAUNER ZUCKER
1 EL ZUCKERRÜBENSIRUP
½ TL VANILLE-EXTRAKT
100 ML ESPRESSO
80 G PEKANNUSSKERNE, FEIN GEHACKT

AUSSERDEM:
120 G ZUCKER
100 G PUDERZUCKER

❶ Das Mehl in einer Schüssel mit Backpulver, Lebkuchengewürz, Natron und Salz mischen und beiseitestellen.

❷ Die Schokolade mit der Butter über dem heißen Wasserbad schmelzen.

❸ Die Eier und den Zucker in eine Schüssel geben und schlagen, bis sich der Zucker aufgelöst hat. Die geschmolzene Schokomasse und den Zuckerrübensirup unterrühren. Vanille-Extrakt und Espresso zugeben und untermischen. Das Mehl und die Nüsse zufügen und alles kurz zu einem glatten Teig vermengen. In Frischhaltefolie wickeln und in ca. 3 Std. im Kühlschrank fest werden lassen.

❹ Den Backofen auf 180 °C vorheizen. Zucker und Puderzucker separat in zwei tiefe Teller füllen.

❺ Mit einem Teelöffel kleine Portionen Teig abstechen und zu Kugeln formen. Zunächst im Zucker, dann im Puderzucker wälzen. Für ein besonders verschneites Aussehen die Kugeln 15 Min. kalt stellen, dann erneut im Puderzucker wälzen. Auf mit Backpapier belegte Bleche setzen und ca. 12 Min. backen. Die Schneebälle aus dem Ofen nehmen, vollständig abkühlen lassen und in Dosen aufbewahren.

3.
Advent

Grümmel-Brezeln

FÜR CA. 20 STÜCK

60 G HONIG	1 TL HIRSCHHORNSALZ
50 ML ZUCKERRÜBENSIRUP	1 EL LAUWARME MILCH
25 G MUSCOVADO-ZUCKER	1 TL POTTASCHE
25 G BUTTER	30 G GRÜMMEL-KANDIS
150 G MEHL	ABRIEB VON ½ BIO-ZITRONE
20 G ROGGENVOLLKORNMEHL	1 EL ORANGEAT, FEIN GEHACKT
JE ½ TL ANISSAMEN, INGWERPULVER UND ZIMT	1 EL SAUERTEIG NACH BELIEBEN
JE 1 MSP. GEMAHLENER KARDAMOM,	
GEMAHLENER KORIANDER, GEMAHLENE NELKEN	**AUSSERDEM:**
UND GEMAHLENER PIMENT	GRÜMMEL-KANDIS ZUM BESTREUEN
1 PRISE SALZ	PUDERZUCKER ZUM BESTÄUBEN

❶ Einen Tag im Voraus Honig, Zuckerrübensirup, Zucker und Butter in einem kleinen Topf unter Rühren erwärmen, bis sich der Zucker aufgelöst hat. Lauwarm abkühlen lassen. Beide Mehle, die Gewürze und das Salz in einer Schüssel vermischen.

❷ Das Hirschhornsalz in der Milch und die Pottasche in 1 EL Wasser auflösen. Mit der Honig-Mischung, Kandis, Zitronenabrieb, Orangeat und Sauerteig zum Mehl geben und alles zu einem glatten Teig verkneten. Abgedeckt bei Zimmertemperatur über Nacht ruhen lassen.

❸ Am nächsten Tag den Backofen auf 170 °C vorheizen. Den Teig in ca. 20 Portionen teilen, diese zu dünnen Strängen rollen und kleine Brezeln formen. Mit Grümmel-Kandis bestreuen, auf mit Backpapier belegte Bleche legen und 8–10 Min. backen. Aus dem Ofen nehmen, abkühlen lassen und mit Puderzucker bestäuben. Die Brezeln in Dosen aufbewahren.

Mandelkrokant-Schneeflocken

FÜR DEN KROKANT:
60 G GEHACKTE MANDELN
60 G ZUCKER
1 PCK. VANILLEZUCKER

FÜR DEN TEIG:
300 G MEHL + ETWAS EXTRA
100 G KOKOSBLÜTENZUCKER (ALTERNATIV
BRAUNER ODER VOLLROHRZUCKER)

80 G ROHROHRZUCKER
2½ TL SPEKULATIUSGEWÜRZ
1 PRISE SALZ
1 EI
180 G WEICHE BUTTER

FÜR DEN GUSS:
CA. 100 G PUDERZUCKER
CA. 3 TL SAFT VON 1 BIO-ORANGE

❶ Für den Krokant die Mandeln in einer Pfanne ohne Fett hellbraun rösten. Herausnehmen und den Zucker mit 3 EL Wasser in der Pfanne bei mittlerer Hitze karamellisieren lassen. Die Mandeln und den Vanillezucker einrühren. Die Masse auf einem Bogen Backpapier verteilen, abkühlen lassen und zerkrümeln.

❷ Für den Teig alle Zutaten zu einem glatten Teig verkneten. Den Krokant zugeben und unterkneten. Den Teig in Frischhaltefolie wickeln und 1 Std. im Kühlschrank ruhen lassen.

❸ Den Backofen auf 180 °C vorheizen. Den Teig auf der bemehlten Arbeitsfläche ca. 3 mm dick ausrollen, mit einer Schneeflockenform Plätzchen ausstechen. Auf mit Backpapier belegte Bleche legen und in ca. 10 Min. knusprig backen. Aus dem Ofen nehmen und auf einem Kuchengitter abkühlen lassen.

❹ Für den Zuckerguss den Puderzucker in ein Schälchen geben und mit dem Orangensaft glatt rühren, evtl. tropfenweise Orangensaft zufügen, bis die gewünschte Konsistenz erreicht ist. In einen Spritzbeutel mit kleiner Öffnung füllen und die Plätzchen mit einem zarten Schneekristall-Muster versehen (nicht zu viel Zuckerguss verwenden, sonst werden die Plätzchen zu süß). Vollständig trocknen lassen und in Dosen füllen, damit die Plätzchen knusprig bleiben.

Kokos-Gipfel

FÜR CA. 30 STÜCK

FÜR DEN TEIG:	FÜR DEN BELAG:
65 G BUTTER	120 G KOKOSRASPEL
65 G ROHROHRZUCKER	2 EIWEISS
1 TL VANILLEZUCKER	1 PRISE SALZ
1 PRISE SALZ	65 G ROHROHRZUCKER
2 EIGELB	1 TL VANILLEZUCKER
80 G MEHL	1 TL SAFT VON 1 BIO-ZITRONE
50 G ZARTBITTERSCHOKOLADE	1 EL MAGERQUARK
(MIND. 60 % KAKAOANTEIL), GERASPELT	1 TL RUM
	1 TROPFEN BITTERMANDELRAROMA NACH BELIEBEN
	1 TL MEHL

❶ Den Backofen auf 160 °C vorheizen. Für den Teig Butter, Zucker, Vanillezucker und Salz 3 Min. cremig rühren. Die Eigelbe zugeben und weitere 3 Min. rühren. Anschließend das Mehl untermischen. Den Teig in eine mit Backpapier ausgekleidete Backform (20 × 30 cm) geben und mit angefeuchteten Händen darin verteilen. In ca. 12 Min. goldgelb backen. Aus dem Ofen nehmen und sofort mit Schokoladenraspeln bestreuen.

❷ Für den Belag die Kokosraspel in einer Pfanne ohne Fett bei mittlerer Hitze anrösten. Aus der Pfanne nehmen und abkühlen lassen.

❸ Die Eiweiße mit dem Salz steif schlagen. Zucker und Vanillezucker unter Rühren einrieseln lassen. Weiterschlagen, bis die Masse glänzt. Zitronensaft, Quark, Rum und Bittermandelaroma unterrühren. Kokosraspel und Mehl vermischen und unterheben. Die Masse auf den Teigboden streichen. Ca. 12 Min. backen, darauf achten, dass die Masse hell bleibt. Aus dem Ofen nehmen, abkühlen lassen und mit einem scharfen Messer in kleine Dreiecke schneiden.

Mohn-Marzipan-Herzen

FÜR CA. 25 STÜCK

FÜR DEN TEIG:
230 G MEHL + ETWAS EXTRA
150 G KALTE BUTTER, GEWÜRFELT
50 G PUDERZUCKER
50 G MARZIPAN, GERASPELT
40 G WEISSE SCHOKOLADE, GERASPELT
1 PCK. VANILLEZUCKER

FÜR DIE FÜLLUNG:
50 G GEMAHLENER MOHN
75 ML MILCH
2 EL ROSINEN, FEIN GEHACKT

25 G ROHROHRZUCKER
MARK VON ½ VANILLESCHOTE
ABRIEB VON ½ BIO-ZITRONE
1 PRISE ZIMT
1 TROPFEN MANDELEXTRAKT
1 EIWEISS

AUSSERDEM:
1 EIGELB
1 EL MILCH
CA. 50 G MANDELBLÄTTCHEN ZUM GARNIEREN

❶ Für den Teig alle Zutaten zügig verkneten und in Frischhaltefolie gewickelt ca. 1 Std. im Kühlschrank ruhen lassen.

❷ Für die Füllung Mohn, Milch, Rosinen und Zucker in einen kleinen Topf geben, aufkochen und bei niedriger Hitze ca. 10 Min. köcheln lassen. Vom Herd nehmen, Vanillemark, Zitronenabrieb, Zimt und Mandelextrakt unterrühren und die Masse abkühlen lassen. Das Eiweiß steif schlagen und unterheben.

❸ Den Teig auf der bemehlten Arbeitsfläche ca. 4 mm dick ausrollen und Herzen oder Kreise ausstechen. Die Hälfte der Plätzchen mit je ca. 1 TL Mohnmasse bestreichen, dabei einen kleinen Rand lassen. Die Ränder leicht anfeuchten. Mit je einem zweiten ausgestochenen Plätzchen bedecken. Die Ränder rundherum behutsam andrücken und mit den Zinken einer Gabel verzieren.

❹ Das Eigelb mit der Milch verquirlen und die Plätzchen damit bestreichen. Mit Mandelblättchen garnieren. Die Plätzchen in ca. 12 Min. goldgelb backen. Aus dem Ofen nehmen, vollständig abkühlen lassen und in Dosen aufbewahren.

Mini-Pfefferkuchenstadt

FÜR CA. 30 STÜCK

FÜR DEN TEIG:
100 G BUTTER
100 G MUSCOVADO-ZUCKER
100 ML AHORNSIRUP
1 EL ZUCKERRÜBENSIRUP
250 G MEHL + ETWAS EXTRA
1 TL INGWERPULVER
1 TL ZIMT
½ TL FRISCH GERIEBENE MUSKATNUSS

½ TL GEMAHLENE NELKEN
¼ TL NATRON
1 PRISE SALZ
1 EI, VERQUIRLT

FÜR DEN GUSS:
1 EIWEISS
150 G PUDERZUCKER

❶ Für den Teig am Vortag die Butter mit Zucker, Ahornsirup und Zuckerrüben-sirup in einem kleinen Topf bei niedriger Hitze zerlassen, bis sich der Zucker aufgelöst hat. Vom Herd nehmen und lauwarm abkühlen lassen.

❷ Mehl, Gewürze, Natron und Salz vermischen. Die Zuckermasse und das Ei zugeben und alles gründlich vermengen. Abgedeckt über Nacht im Kühlschrank ruhen lassen.

❸ Am nächsten Tag den Backofen auf 160 °C vorheizen. Den Teig auf der bemehlten Arbeitsfläche 2–3 mm dünn ausrollen und Plätzchen ausstechen. Auf mit Backpapier belegte Bleche legen und 8–10 Min. backen. Aus dem Ofen nehmen und vollständig abkühlen lassen.

❹ Für den Zuckerguss das Eiweiß steif schlagen. Den Puderzucker unter Rühren einrieseln lassen und glatt rühren. In einen Spritzbeutel mit kleiner Tülle füllen und die Pfefferkuchen damit verzieren.

TIPP: DAMIT DIE AUTOS STEHEN, EINFACH 2 PLÄTZCHEN Z. B. MIT ORANGENMARMELADE ZUSAMMENKLEBEN, DANN IST DIE GRUNDFLÄCHE GRÖSSER. MAN KANN AUCH KLEINE RECHTECKE AUS DEM TEIG AUSSTECHEN, BACKEN UND DIESE VON HINTEN MIT ZUCKERGUSS AN DIE KEKSE KLEBEN, DAMIT STEHEN Z. B. DIE HÄUSCHEN GUT.

Pistazien-Hagebutten-Kränze

FÜR CA. 40 KRÄNZE

FÜR DEN TEIG:
200 G BUTTER, GEWÜRFELT
100 G ROHROHRZUCKER
1 PCK. VANILLEZUCKER
1 EI
80 G PISTAZIENKERNE
220 G MEHL + ETWAS EXTRA
ABRIEB VON 1 BIO-ZITRONE
1 PRISE SALZ

FÜR DIE FÜLLUNG:
200 G HAGEBUTTENMARK

FÜR DEN GUSS:
100 G PUDERZUCKER + ETWAS EXTRA

AUSSERDEM:
CA. 50 G PISTAZIENKERNE ZUM VERZIEREN,
FEIN GEHACKT
25 GOJI-BEEREN (ALTERNATIV CRANBERRYS)
ZUM VERZIEREN, FEIN GEHACKT

❶ Für den Teig Butter, Zucker und Vanillezucker cremig rühren. Das Ei zugeben und kurz unterrühren. Die Pistazien im Blitzhacker fein mahlen und mit den restlichen Zutaten zufügen. Alles zu einem glatten Teig verkneten. In Frischhaltefolie gewickelt ca. 1 Std. kalt stellen.

❷ Den Backofen auf 175 °C vorheizen. Den Teig auf der bemehlten Arbeitsfläche ca. 3 mm dick ausrollen. Kreise (ø ca. 5 cm) ausstechen und in der Mitte mit einem Loch versehen. Auf mit Backpapier belegte Bleche legen und in ca. 10 Min. goldgelb backen. Die Plätzchen aus dem Ofen nehmen und abkühlen lassen.

❸ Das Hagebuttenmark in einem kleinen Topf erwärmen und die Hälfte der Kränze damit bestreichen. Jeweils einen weiteren Kranz daraufsetzen.

❹ Für den Zuckerguss den Puderzucker in ein Schälchen geben und mit 2 EL Wasser glatt rühren. Die Kränze damit bestreichen und sofort mit Pistazien und Goji-Beeren verzieren. Mit einem Hauch Puderzucker bestäuben, trocknen lassen und in Dosen aufbewahren.

TIPP: WENN WEDER GOJI-BEEREN NOCH CRANBERRYS ERHÄLTLICH SIND, KANN MAN AUCH KLEINE TUPFEN AUS HAGEBUTTENMARK AUF DIE KRÄNZE SETZEN.

Amarena-Mohn-Hütchen

FÜR CA. 30 STÜCK

150 G MEHL + ETWAS EXTRA
50 G PUDERZUCKER
35 G MOHNSAMEN
25 G SPEISESTÄRKE
125 G KALTE BUTTER, GEWÜRFELT
1 EIGELB
½ TL ABRIEB VON 1 BIO-ZITRONE

1 PRISE SALZ
30 AMARENA-KIRSCHEN (CA. 150 G)

AUSSERDEM:
1 EIGELB ZUM BESTREICHEN
CA. 30 G WEISSE SCHOKOLADE ZUM VERZIEREN

❶ In einer Schüssel Mehl, Puderzucker, Mohn und Speisestärke mischen. Butter, Eigelb, Zitronenabrieb und Salz zugeben und alles zu einem glatten Teig verarbeiten. In Frischhaltefolie wickeln und 1 Std. kalt stellen.

❷ Den Backofen auf 175 °C vorheizen. Die Kirschen abgießen, abtropfen lassen und auf Küchenpapier trocken kullern. Den Teig auf der bemehlten Arbeitsfläche ausrollen und in ca. 5,5 cm breite Streifen schneiden. Diese in Dreiecke von je 7,5 cm Seitenlänge schneiden. Jeweils eine Kirsche auf ein Teigdreieck legen und die Spitzen über der Kirsche leicht zusammendrücken. (Die Dreiecke sollten nicht zu groß sein, sonst kann die Spitze beim Backen verrutschen.) Die Hütchen auf mit Backpapier belegte Bleche setzen.

❸ Das Eigelb mit 1 EL Wasser verquirlen. Die Hütchen damit bestreichen und ca. 12 Min. backen. Aus dem Ofen nehmen und auf einem Kuchengitter vollständig abkühlen lassen.

❹ Die Schokolade grob hacken und über dem heißen Wasserbad schmelzen. Je einen Klecks auf eine Hütchenspitze setzen und fest werden lassen.

Haselnuss-Zimt-Buchstaben

FÜR CA. 15–20 STÜCK

150 G HASELNUSSKERNE
100 G ROHROHRZUCKER
15 G MARZIPAN, GERASPELT
2 EIWEISS
1 TL ZIMT
1 PRISE SALZ

AUSSERDEM:
PUDERZUCKER ZUM BESTÄUBEN

❶ Den Backofen auf 160 °C vorheizen. Die Haselnusskerne auf einem Backblech verteilen und ca. 10 Min. im Ofen rösten. Herausnehmen und die Backofentemperatur auf 130 °C reduzieren. Die Haselnüsse in ein Küchentuch wickeln und die Haut abreiben. Die abgekühlten Nüsse im Blitzhacker fein mahlen.

❷ Alle Zutaten unter Rühren über dem heißen Wasserbad erhitzen, bis der Zucker geschmolzen ist. Vom Herd nehmen und lauwarm abkühlen lassen. Die Masse in einen Spritzbeutel mit 1,5 cm großer Tülle füllen und Buchstaben auf mit Backpapier belegte Bleche spritzen. 15 Min. antrocknen lassen.

❸ Die Plätzchen 12–15 Min. backen, während der ersten 10 Min. einen Holzlöffel in die Backofentür klemmen, damit die Feuchtigkeit entweichen kann. Herausnehmen und abkühlen lassen.

❹ Die abgekühlten Plätzchen mit Puderzucker bestäuben.

TIPP: DIE BUCHSTABEN-KEKSE SCHMECKEN AUCH LECKER, WENN MAN SIE MIT GESCHMOLZENER VOLLMILCH-KUVERTÜRE UND GEHACKTEN HASELNÜSSEN VERZIERT.

Walnuss-Träumchen

FÜR CA. 40 STÜCK

FÜR DEN TEIG:	
130 G WALNUSSKERNE	80 G EDELBITTERSCHOKOLADE (MIND. 70 % KAKAOANTEIL), FEIN GEHACKT
170 G BUTTER	1 EL HONIG
120 G ROHROHRZUCKER	1 MSP. ANISSAMEN
1 TL VANILLEZUCKER	
1 EI	**FÜR DEN BELAG:**
1 EIGELB	4 EL BRAUNER ZUCKER
270 G MEHL + ETWAS EXTRA	2 EL HONIG
½ TL ZIMT	¼ TL ZIMT
1 MSP. BACKPULVER	CA. 40 WALNUSSHÄLFTEN
1 MSP. FRISCH GERIEBENE MUSKATNUSS	CA. 150 G WEISSE SCHOKOLADE, GROB GEHACKT
1 PRISE SALZ	

❶ Den Backofen auf 160 °C vorheizen. Für den Teig die Walnüsse auf einem Backblech verteilen und ca. 10 Min. im Ofen rösten. Herausnehmen und abkühlen lassen. 100 g der Nüsse im Blitzhacker fein mahlen, den Rest fein hacken. Butter, Zucker und Vanillezucker cremig rühren. Ei und Eigelb zugeben und 2 Min. weiterschlagen. Mehl, Zimt, Backpulver, Muskat, Salz und gemahlene Walnüsse mischen und zum Teig geben. Gründlich unterrühren und 1 Std. im Kühlschrank ruhen lassen.

❷ 100 g des Teiges abnehmen und mit Schokolade, Honig, Anis und den gehackten Walnüssen verkneten. Ca. 40 kleine Portionen abstechen, Kugeln daraus formen und kalt stellen. Den restlichen Teig auf der bemehlten Arbeitsfläche ausrollen und Kreise (ø ca. 4 cm) ausstechen. Jeweils eine Kugel hineinsetzen und in den hellen Teig einschlagen. Auf mit Backpapier belegte Bleche setzen und ca. 18 Min. backen. Aus dem Ofen nehmen und abkühlen lassen.

❸ Für den Belag Zucker und Honig in einem kleinen Topf bei mittlerer Hitze karamellisieren lassen. Den Zimt unterrühren. Die Nüsse zugeben und mit Karamell überziehen. Auf Backpapier verteilen und abkühlen lassen.

❹ Die Schokolade über dem warmen Wasserbad schmelzen. Die Plätzchen damit bestreichen, je eine Nusshälfte daraufsetzen und die Schokolade trocknen lassen.

Orangen-Mandel-Kipferl

FÜR CA. 65 STÜCK

120 G BLANCHIERTE, GEMAHLENE MANDELN
270 G MEHL
200 G BUTTER, GEWÜRFELT
75 G PUDERZUCKER
2 EIGELB
MARK VON 1 VANILLESCHOTE
ABRIEB VON 1 BIO-ORANGE
1 PRISE SALZ

AUSSERDEM:
60 G PUDERZUCKER
1½ PCK. VANILLEZUCKER
MARK VON 1 VANILLESCHOTE
ABRIEB VON 1 BIO-ORANGE

❶ Die Mandeln in einer Pfanne ohne Fett bei mittlerer Hitze hellbraun rösten. Herausnehmen und abkühlen lassen. Anschließend mit den restlichen Zutaten in eine Schüssel geben und zügig zu einem glatten Teig verarbeiten. In Frischhaltefolie wickeln und 1 Std. kalt stellen.

❷ Den Backofen auf 175 °C vorheizen. Den Teig gut durchkneten. Kleine Portionen abzupfen und zu Hörnchen formen. Auf mit Backpapier belegte Bleche legen und ca. 12 Min. backen.

❸ In der Zwischenzeit Puderzucker, Vanillezucker und Vanillemark vermischen und in einen tiefen Teller sieben. Den Orangenabrieb unterrühren.

❹ Die Kipferl aus dem Ofen nehmen und kurz abkühlen lassen. Behutsam in der Zuckermischung wenden und auf ein Kuchengitter setzen. Die Kipferl vollständig abkühlen lassen und in Dosen aufbewahren. Vor dem Verzehr am besten einige Tage durchziehen lassen.

Knusprige Ingwer-Schnuppen

FÜR CA. 60 STÜCK

60 G ROHROHRZUCKER
25 G KANDIERTER INGWER, FEIN GEHACKT
75 G BUTTER
1 EIGELB
60 G MEHL
1 MSP. ZIMT
1 MSP. GEMAHLENE NELKEN
1 MSP. FRISCH GERIEBENE MUSKATNUSS
60 G SEMMELBRÖSEL

60 G GEMAHLENE MANDELN
ABRIEB VON ½ BIO-ZITRONE
½ TL FRISCH GERIEBENER INGWER

AUSSERDEM:
1 EI, VERQUIRLT
25 G KANDIERTER INGWER, FEIN GEWÜRFELT
CA. 3 EL ZUCKER ZUM BESTREUEN NACH BELIEBEN

❶ Zucker und kandierten Ingwer im Blitzhacker zu einer Paste verarbeiten. Mit der Butter in einer Schüssel cremig rühren. Das Eigelb unterrühren. Mehl und Gewürze mischen und mit den restlichen Zutaten zum Teig geben. Gründlich verkneten und in Frischhaltefolie gewickelt 1 Std. kalt stellen.

❷ Den Backofen auf 170 °C vorheizen. Den Teig zwischen zwei Lagen Frischhaltefolie 3–4 mm dick ausrollen und Sternschnuppen ausstechen. Auf mit Backpapier belegte Bleche legen, mit dem verquirlten Ei bepinseln und mit Ingwer verzieren. Nach Belieben mit Zucker bestreuen.

❸ In ca. 10 Min. goldgelb backen. Die Schnuppen aus dem Ofen nehmen, abkühlen lassen und in Dosen aufbewahren.

TIPP: KANDIERTE INGWERSTÄBCHEN AUS DEM BIOLADEN EIGNEN SICH BESONDERS GUT, DENN SIE SIND NICHT ZU SÜSS UND LASSEN SICH GUT IN KLEINE WÜRFEL SCHNEIDEN.

Walnuss-Feigen-Dattel-Monde

FÜR CA. 35 STÜCK

FÜR DEN TEIG:
100 G HARTWEIZENMEHL
90 ML LAUWARMES WASSER
100 G MEHL + ETWAS EXTRA
30 G PUDERZUCKER
1 PRISE SALZ
50 G ZERLASSENE BUTTER

FÜR DIE FÜLLUNG:
60 G WALNUSSKERNE
75 G MEDJOOL-DATTELN, ENTSTEINT, GROB GEHACKT

60 G GETROCKNETE FEIGEN, GROB GEHACKT
1 EL HONIG
½ TL ABRIEB VON 1 BIO-ZITRONE
¼ TL ZIMT
¼ TL GEMAHLENER KARDAMOM

AUSSERDEM:
1½ EL ZUCKER
½ TL ZIMT
CA. 2 EL SAHNE

❶ Für den Teig das Hartweizenmehl in ein Schälchen geben, mit dem lauwarmen Wasser übergießen und 30 Min. quellen lassen. Das Mehl mit Puderzucker und Salz in einer Schüssel vermischen. Hartweizenmehl und Butter zugeben und alles zu einem glatten Teig vermengen. In Frischhaltefolie wickeln und bei Zimmertemperatur 2 Std. ruhen lassen.

❷ Den Backofen auf 170 °C vorheizen. Für die Füllung die Walnüsse im Blitzhacker fein mahlen. Alle übrigen Zutaten und 1 EL Wasser zugeben und im Blitzhacker zu einer festen Paste verarbeiten. Diese zu einem 1,5 cm dicken Strang rollen und in 3 cm lange Stücke schneiden.

❸ Den Teig auf der leicht bemehlten Arbeitsfläche ca. 4 mm dick ausrollen und Kreise (ø 5 cm) ausstechen. Jeweils 1 Stück Füllung daraufsetzen, mit Teig umschließen und kleine Mondsicheln formen. Mit der Naht nach unten auf ein mit Backpapier belegtes Backblech legen.

❹ Zucker und Zimt mischen. Die Monde mit Sahne bepinseln und mit Zimtzucker bestreuen. In ca. 20 Min. goldgelb backen. Aus dem Ofen nehmen, abkühlen lassen und in Dosen aufbewahren.

Register

5 4 3 2 1   26 25 24 23 22
978-3-88117-282-0

Fotografie: Frauke Antholz
Redaktion: Franziska Grünewald
Lektorat: Laura Allenfort
Illustrationen und Layout: Christiane Heim
Gestaltung Cover und Kapitelaufmacher: Stefanie Wawer
Illustrationen Cover und Kapitelaufmacher: Sara Vidal Peiró
Satz: typocepta, Köln / FSM Premedia GmbH & Co. KG, Münster
Litho: FSM Premedia GmbH & Co. KG, Münster

© 2022 Hölker Verlag in der Coppenrath Verlag GmbH & Co. KG
Hafenweg 30, 48155 Münster, Germany

www.hoelker-verlag.de

Für mehr Rezepte, Inspirationen und Einblicke aus dem Verlag folgen Sie auch
unserem Instagram-Kanal @hoelkerverlag.